도시의 간이역

문학공원 시선 · 73

도시의 간이역

심철수 시집

문학공원

시인의 말

강가 돌밭 헤매면서 많고 많은 자갈 헤치고
수석壽石을 찾았습니다.
비 오면 우의 속에 몸 숨기고
추우면 언 손 호호 불며
일생일석의 꿈을 안고 돌밭을 헤맸습니다.
주은 돌 버리고 버린 돌 다시 주워
다시 보고 싶고 보관하고픈 돌만 골라 모아
한 바지게 채웠습니다.

주은 돌 무겁다않고 날라다준
나의 막내한테 수고했다는 말 전한다.

2012년 8월 심 철 수

심철수 시집 / 도시의 간이역

차 례

1부. 고속도로 위의 명상

2부. 은자殷者의 봄

3부. 아름다운 자리

4부. 꿈속 어머니 손톱

1부

고속도로 위의 명상

울음과 생의 관계

우는 것은 다 살아있다
울음으로 온몸 흔드는 나무
밤 내내 눈물로 몸을 적시는 들풀
이들 다 살아 있다는 몸짓이다
죽어 있는 탁상시계는 울지 않는다

눈물로 생명 키우는 대지는
지금도 새 눈물 펑펑 쏟아
살아있음을 알리고
같이 살자고 외친다

눈물 비 흘려
살아 있음을 알리는 하늘은
몹쓸 짓 하는 것 보면
참지 않고 구름 시켜
세상 쪼개지는 큰소리로 나무란다

시골 재래식 화장실 변기에
구물대는 구더기를 보았는가
그들도 몸짓으로 울어 살아있음을 알린다
그들과 내가 다른 점이 무엇 있는가
나도 울음으로
살아있다는 사실을 확인치 않는가

리어카와 할머니

할아버지 같은 폐지를
한 짐 짊어진 할머니 리어카가
오르막길 오르며 헐떡인다

폐지조각이 묶음을 풀고
리어카 밖으로 도망칠라치면
할머니는 몸에서 흐르는 피를 막듯
다시 꽁꽁 묶어 잡아둔다

할머니는 웃으며 말한다
- 이게 어디냐 -
늙은 리어카는 할머니 몸이고
주름 많은 종이조각은 할머니 살이고 피다

홍도풍란의 생애

너 어이
척박한 바위와 연을 맺고 사느냐

물 한 모금 탁발 위해
핏기 없는 마른 손 내미는 너
굼턱굼턱 둠벙 팔 기세구나

해 뜨고 달 진다해도
늘 푸르싱싱 너의 모습
돌의 피가 동하누나

띠꽃

오뉴월 뙤약볕 뜨거운 훈기에
할아버지 검은 이마랑
좁아진 등 고랑에
송골송골 맺힌 땀방울
긴 잠 주무시는 할아버지
잠을 깨울까 두렵다

후텁지근 열기에 타는
할아버지 유택 지붕에
삘기꽃 분수 하얀 물줄기
하늘로 솟구쳐 뿌려 열기 식힌다

나 유년은
삐비 뽑아 허기진 어린 창자 달래며
높디높던 보릿고개 넘었다

누구 하나 물주며 가꾸지 않아도
억센 생명의 힘으로 피어
배곯은 어린 창자 쓰다듬고 달래더니
할아버지 이마 등허리 땀 식혀
영면에 들게 하는 띠꽃이어라

도장圖章

굳어있는 물 위를 날으는 스케이트는
흔적 없이 지나간다
벼락 맞은 대추나무 등걸이
피겨스케이트 빙판이다
검은 빙판 위에서
예리한 칼날은 날렵하게 미끄러진다
S자 ㄹ자로 춤을 춘다

스케이트 날보다 날씬한 칼끝은
은빛 상아 얼음판 위에서
乙자 之자를 그리며 춤을 춘다
매끄러운 빙판위에서
예리한 칼끝이 자기가 가던 태죽 남기고
춤을 추는 이유는
예쁜 인장印章 옥동자를 출산하려는 몸놀림이다

도시의 간이역

찬바람 맞으며 테헤란로를 걸어간다
키 큰 꺽다리 아저씨가
점잖 빼며 표정 없이 지나간다
정장 차림의 잘생긴 젊은이가
바람같이 스쳐간다
치마 두른 아주머니가
길을 묻느라 잠간 멈춘다
과거 이웃에 살았던 할머니가
지팡이 손잡고 와서
지난날 이야기 늘어놓으며 잠깐 정거한다
가뭄에 콩 나듯 맞는 완행열차다
말쑥한 고층 빌딩이
말없이 성큼성큼 발걸음을 옮기고
고층 아파트가 연이어 뒤따른다
발에는 쇠고랑 칭칭 매고
머리는 빡빡 민 플라타너스 죄수들이
바람찬 겨울 길 사이에 두고
양옆에서 한 줄 맞춰 지나간다
새마을호나 KTX는
관심 없이 지나가는 역

나는
외로운 도시의 간이역이다

허기진 지하철

몇 날을 굶었을까
허기진 돼지 한 마리가
눈에 노란 열불 켜고
무섭게 덤벼든다
무서워 한 발 물러섰던 순대속들이
고픈 돼지 창자 속으로
빨려 들어간다
배고픈 돼지는 먹성이 좋아
플랫폼에서 기다리던 순대 속들을
순식간에 먹어치운다
고팠던 순대가 차곡차곡 채워지면
돼지는 역마다 들려
소화 안 된 순대 속을 토하고는
주섬주섬 또 먹는다
신림역에서 토해낸 순대속들이
순대타운을 향해 종종걸음을 친다
순대 속들도 비워있는 자기네의 순대를
채워야 살 것 같으니까

고속도로 위의 명상

설명절 전 고속도로 하행선은
동맥경화 환자다
경부 호남 영동선
모두가 끙끙 고혈압을 앓는다
갈기갈기 실핏줄도 혈압이 높다

추석 후 고속도로 상행선은
정맥경화 환자다
어머니가 실어주신 정이 무거워
꿈쩍도 못 하는가

늘어가는 어버이 새끼줄 주름이랑
허옇게 팬 억새풀 머리칼이 못 가게 잡아
아직도 맘은 고향을 못 떠나는가

주름

그 그제는 세탁물을 찾고 맡겼다
그제는 목욕을 했고
어제는 이발을 했고
오늘은 손발톱을 깎는다

아침에는 면도날 혀가
얼굴을 핥는다
스킨로션이 주름을 막는다고
더덕더덕 덧칠한다

그러나 가슴 속에 난 불량 털은
깎을 면도칼이 없고
마음에 잡힌 주름은
펼 다리미가 없다

오늘은 주름잡이를 몇이나 만나
지울 수 없는 주름을
몇 개나 접었을까

인동꽃, 지다

-김대중 전前 대통령 돌아가시다

비오면 옆에 서있는
참나무 밤 도토리나무
비 맞고 젖을까 저어해서
넓지도 않은 손차양으로
하늘 가리고 살았습니다

눈보라 치면 추울까 걱정되어
옷도 벗지 않은 채
옆에서 떨고 있는
상수리나무 단풍나무 껴안고
온기 나누며 살았습니다

척박한 가시 돌밭에서
매서운 눈보라 한파 견딘 덩굴이기에
그 꽃향기 더욱더 진합니다
이 땅 천지에 향기만 남겨두고
꽃은 집니다

추억꽃

내가 자란 시골 한옥, 창호지 문살에는
문 닫은 채 며느리 발걸음 감시하는 눈이 붙어 있어
맑은 눈망울 번득이고 있었습니다

얼어붙은 80년대 긴 겨울
유난히 성에꽃 만발하여
앞이 안보여 바깥세상 어두웠습니다

안방에 가득 찬 엄마 아빠 따스한 숨길이
문살에 붙여둔 맑은 꽃밭에서
성애 꽃으로 피었습니다

아버지 어머니 숨길도
문살에 붙여둔 유리 조각도 없는 지금은
성에꽃은 추억꽃입니다

자비송慈悲松

산몰랑에 노송 한 그루
하얀 피를 흘리고 서있다
철없는 손자 녀석이
무심코 낸 상처에서 피가 흐른다
하얗게 굳은 피가
흐르는 피를 막는다
할아버지가
이 산마루 넘을 때
솔잎 뿌려
푹신한 깔 자리 펼쳐주던
자비로운 노송이다
아버지 이마에 흐르는 땀은
노송 그늘이 닦아준다
소나무는
피 흐르는 상처는 아랑곳 않고
자비를 베푼다
사람들은 그를 자비 송이라 부른다

쌀 한 톨

쌀 한 톨은 지구만큼 크고 무겁다
쌀가마보다 더 무거운
농부의 땀이 배어있고
뜨거운 태양이 녹아있다
소나기로 쏟아진 별들의 눈물이 고여있고
자연의 성난 마음인 태풍을
한 몸에 싸안고 달랬다
생명의 힘이 응집되어 있고
아버지의 인생이 담겨있어
쌀 한 톨은 크고 무겁다
아버지와 겸상하여 밥먹던 시절
아버지는 자주 말씀하셨다

밥티 흘리지 말고
흘린 밥티는 주워먹어라

그 크고 무거운 쌀밥티를
왜 어디에다 버리려 하느냐는 말씀이었다

사람과 자연의 다름

거제 몽돌해변에는
물살 휠체어 타고가 소피 보는
장애 몽돌들이
서로 등 비비며 때를 밀고 있다
남한강 돌밭에도
뿔은 가셔버리고 둥그레한 자갈들
하얀 살결 선탠하느라
누웠다 엎어졌다 자유롭다
몽돌이나 자살이나
그들도 옛날에는
뿔난 짱돌이었다
모난 그들끼리 등 비비는 새
뿔은 가셔지고
속으로 살이 올라 알차고 둥그레졌다
연하디 연한 사람 마음은
그들끼리 비빌수록 가시가 돋친다
이것이 사람과 자연의 다름이다

자전거는 목발 짚고 선다

자전거는 혼자서는
서있지 못한다
넘어지지 않으려고
묵묵히 달릴 뿐이다

서서 쉬려면
목발을 짚어야 한다
그러나 아무도
장애자라고 말하지 않는다

혼자는 서있지도 못하는 주제가
주인을 업고 무거운 짐 지고
제 몸 상하든 말든 개의치 않고
발 부르트도록 달린다

부리는 사람이 고맙게 여기든 말든
전혀 개의치 않는다
주인 향한 충성심은
충직한 진돗개를 능가한다

빗방울의 길, 그 운명

갈 길도 갈 곳도 없고
헤어진다는 생각 차마 못하던 철부지들이 가출을 한다
넓고 높은 하늘바다 노 저어가던 구름돛단배 떠나
어깨동무하고 지상으로 내려온다

삼수령* 보충대에 흘러 흘러와
한강으로 흘러갈 놈
낙동강으로 굽이쳐갈 놈
오십천으로 비껴갈 놈
운명의 손 저마다 흔들며 따라나선다

먼 훗날 뭉게뭉게 햇솜구름 가득한
솜 밭 하늘 오롯이 보듬고
세상 제일 낮은 곳에서 출렁이는
새 세상 만남의 광장에서 다시 만나자면서

* 강원 태백에 위치, 백두대간 낙동정맥의 분기점, 높이 920m, 한강, 낙동강, 오십천의 발원지

사진

세월이 쉬고 있는
조브장하고 노루스름한 종이낯바닥이
오십년 색깔이다
사진은 세월 정거장이다
정거장에서 쉬는 세월도 늙는다
세월이 늙어 잘 뜬 메주색깔이다
과거는 쉼 없이 흐르는
세월 강물에 휩쓸려가다가
추억이라는 그릇에 담겼다
추억 그릇에서
썩지 않은 과거를 골라 건진다
대문을 열면허름한 마구간에
누렁 소 한가로이 되새김질 하고
닭 집엔 암탉 수탁 사랑싸움 한창이고
돼지 막엔 파리 떼 웅성거린다
아래채 바람벽엔
몽당 빗자루 하나 기대어 졸고
흙 묻은 괭이 긴 자루에서
아버지 손내음을 맡는다
늙는 세월의 색깔은 노르스름하다

바다가 건강한 이유

바다가 마음 그릇 비울 시간이다
바다의 그릇은
생명이 숨 쉬는
포근한 삶의 터전이다

물 비운 마음 속살에 조개 오징어가
대문 걸어 잠그고 무얼 하는지
게 고동이 마실 나다니다가
문 두드려도 응답이 없다

정해진 시간 지나면
비웠던 마음 채울 시간이 온다
허기진 그릇에 맑은 물 가득 찬다

산소물 채웠다가 비우고
빈자리 또 채운다
짜구나지도 고프지도 않으니
바다는 영원히 건강할 것이다

버릴 수 없는 짐

지팡이 한 놈이
다리 두 놈을 데리고
오르막 산길을 간다
다리는 두 놈이나 되면서
숨을 헐떡거리며
힘들어 하는 허깨비다
가진 것도 하나 둘씩
버려야할 즈음에
무엇이 아쉬워
짐되는 물건 두서너 개는
보태서 살아가는가
애지중지 품에 안고 간수하던
보청기 울음에 잠깬 귀가 노릇한다
지팡이와 다리는
서로 의지하며 살아가는 형제다
아랫니는 윗 틀니 없으면 도리를 못하므로
윗 틀니를 모시는데 힘을 다한다
돋보기 없이는 눈이, 눈이 아니므로
돋보기는 가슴 가까운 곳에 모신다
짐은 짐이로되

젊어져야 생이 가벼우므로
버릴 수 없어 짊어지고 산다
삶은 짐을 지고 걷는 등짐의 길이다

숭례문 쓰러지던 날

별들도 안타까워 흐느꼈고
소방수 물줄기가 눈물로 흘렀습니다
600년 간직해온 선조들 혼뼈가 무너지는 순간
국화꽃 몇 송이로 이 죄를 사해주신다면
천만 송이 만만 송이라도 바치겠습니다

서울을 밤낮없이 지킨 큰 문이었습니다
그 독한 왜놈들 매질도 견뎌냈고
전쟁포화도 피했는데 갑자기 웬 날벼락입니까

배고프면 화마 밥을 달래지
어제는 낙산사를 통째로 삼키더니
그도 모자라 600년 피어린 역사를
한 순간에 먹어치우다니
아깝고! 분하고! 억울합니다!

하늘이시여 울고 싶으면 우소서
하늘이시여 눈물모아 이곳에 쏟아
남은 화기를 식혀주소서

스페어타이어

참아야한다
참고 기다리자
기다리는 자에게 기회는 온다고 되뇌이며
때를 기다리는 스페어타이어는
온갖 구린내 다 삼켜가며
꽁무니 창고 굴방에서 잠잔다
뙤약볕이 내리 쬐는 여름날
강원도 해변을 만나러 가는 도중
어디선가 모르게 한 타이어는
먹지 말아야 할 못을
잘못 삼키고 배탈이 나서
고속도로 위에서 납작 퍼졌다
기회는 왔다
잠자던 스페어타이어는 때를 만났다
구린내 들끓는 꽁무니 굴방에서 나와
신선한 산소가 꽉 찬 바깥세상에서
활개 펴고 일할 기회를 잡았다
꽁무니 창고 골방에서 잠만 자지는 않았다
오늘을 위해 참고 기다렸다
망칠번한 휴가를 살린 효자란 말도 듣는다

번데기

얘만큼 늙은 애는 세상에 없다
주름 많은 순으로 줄 세워 어른을 정한다면
얘보다 더 어른은 세상에 없다

젊음을 어디에다 버렸는지
우그렁쭈그렁 주름이
모진 세월 살아온 흔적이다

고달픈 생애동안
매운 풍상 혼자 다 겪은 양
온 몸에 깊이 파인 고랑이
고구마 밭이랑 같은
주름 물결로 남아
흘러간 세월 테죽임을 밝힌다

돌려받을 수 없는
주름 펼 태평세월일랑 포기하고
주름의 대명사로 지내고 싶은 번데기는
주름의 긍지가 있다

물 뼈다귀

야호 야호
호쾌한 메아리 함께
번지점프하던 폭포가 입 다물었다
바위벽에 기대어 선 단호한 침묵이
직립으로 빙벽 이룬다
물도 뼈다귀가 있다
하얗게 바래서
미처 눕지 못하고
선채로 굳었다
물 뼈다귀로 앙상하다
깊은 산속 자유로워야할 폭포는
부드러움도 너그러움도 없이
싸늘한 침묵으로 겨울을 난다

하늘의 자식

회색 하늘에서 비가 내린다
방울방울 몸 쪼개 나뉘어 내려온 하늘의 자식
딱딱한 함석 자리에 앉으면서
엉덩이 아프다고 아우성이다
푹신한 잔디밭에 내려앉은
운 좋은 놈은 아무 소리 없다
남보다 높은 곳에 살기 싫다고
한사코 아래로 내려가는
행동하는 평등 신봉자다
모진 돌부리가 가는 길 가로 막고 시비 걸면
입에 게거품 물고 앙칼부리다가도 양보하고
앙알앙알 구시렁거리면서
결국 돌아서 피해가는 부드러움을 지닌
하늘의 자식이다
높은 벼랑에서 뛰어내릴 땐
세상이 제 것인 듯 지껄인다
삼수령* 보충대에서 헤어졌던 동료들
다시 만난 기쁨에 악수하고 지껄인다

온 세상 감싸고 포용하며
화합력 있는 넓고 큰 가슴 지닌
하늘의 자식이다

* 강원도 태백에 위치. 한강 낙동강 오십천의 분기점.

똬리와 방석

1.
창포물로 감고 피마자 향으로 헹궈낸
곱고 매끈 아낙머리칼 만지며
향기만 마시고 살아가니
남들은 똬리 팔자 상팔자라지만

바위만큼 억세고 무거운 짐 온몸으로 떠받치고
평생 송곳바람 쐬며 살아갈자 있으면 바꿔보세

2.
문밖세상은 살을 예는 칼바람 쌩쌩 불어도
절절 끓는 아랫목에 누웠다 앉았다
살점 좋아 푹신한 엉덩이만 보듬고 산다고
남들은 방석팔자 상팔자라지만

평생 고리타분한 엉덩이 구린내 맡으며
땀 뻘뻘 흘리고 살아갈 자신 있으면 바꿔보세

울지 않아야 밥 준다

형아 방 늙은 탁상시계는
이미 아사한지 오래고
미라로 누워있다
하는 일없으니 밥도 주지 않고
밥을 주지 않으니
굶어죽을 수밖에 없다

벽을 붙들고 서서
근근이 생명을 붙잡고 있는
독거노파 불일벽시계는
기운 없어 울지도 못하고
겨우 명만 잇고 있다

매끼 배터리 도시락을 먹는 휴대폰은
꿈결에도 잠꼬대하며 울고
시간 맞춰 울어서
주인을 깨우는 일을 한다
애기는 울어야 밥 주지만
휴대폰은 울지 않아야 밥 준다

의연한 철사 옷걸이

짱짱한 어깨 곧은 뼈
고운 선 하나가
온갖 의상을 다 입는다

부잣집 마님
밍크코트 입었다고
뽐내지 않는다

구멍 난 삼배적삼 걸쳤다고
의기소침하지도 않는다
의연한 자세 어깨뼈처럼 빳빳하다

뚱보 아줌마가 입던 옷이나
말라깽이 아가씨가 입던 옷이나
죄다 입으면 태가 나는 스탠더드 체형이다

틈

사람은
물샐 틈이 있어서는 안 되는
간장독이 아니다
내가 너를 껴안고
네가 나를 받아들이며 산다

으리으리한 건물 대리석 복도보다는
구불구불 시골 골목길이 더 정겨워
걷고 싶지 않은가
철커덩 철커덩 철 대문보다는
싸리나무 사립문이
훨씬 더 열고 들어가기 쉽다

드나들기 쉽고
허술하지만 정겨운
틈이 그립다
나의 틈은 당신을 부르는
열린 문이다

우아한 하산

동네 뒷산을 오른다
마음은 정상을 쳐다보고 눈은 땅을 내려다본다
숨은 가쁘고 다리는 팍팍하다
꽃이 웃어도 나비가 춤을 춰도 보지 못하고
벌들의 노래도 산새들의 노래도 못 듣는다
돌과 나무와 바람과 놀면서 내려온다
마음도 눈도 풍경을 둘러본다
웃는 꽃도 동공 속에 놀고
벌들의 노래랑 새들의 지저귐도 귀가에 와 앉는다
숨 가쁘지도 다리 아프지도 않으니
앉아 쉬지 않아도 되고
천천히 걸으면서 보고 듣는다
숨 가빴던 오르막 인생
무엇을 얼마나 남겼는가
해전에 다녀올 정해진 그 길
이제는 인생 내리막길
우아한 하산을 즐길 일이다

2부

은자股者의 봄

4월 눈물꽃

덕유산 향적봉 주목 숲에
달빛 이슬 내려와
바람 함께 놀다가
가지솜털에 정주고 연을 맺어
하얀 꽃으로 피었습니다

높 추운 산봉우리 끝에서
누가 피운 꽃이런가

무슨 설움 있어
밤 내 흐느낀 신의 눈물방울인가
가지에 걸린 하얀 달빛 조각인가
달빛 가는 길 더듬어 따라 져버릴
내 삶의 눈물꽃이여

무화과 피는 밤

봄이 지난 지 얼만데
높푸른 가을 하늘에 핀 꽃
지는 꽃 아쉬워
품속에 안고 태어난 꽃 열매

송골송골 분홍진주 알갱이
잘게 갈아 불 지핀 가슴속
가을도 봄입니다

연지곤지 분 화장한 고운 소녀 볼
환한 웃음 속에
수지운 꽃 얼굴 숨깁니다

슬픈 분재

어디서 와서 어디로 가는가
누가 어린 너를
어디서 데려와
굶기고 묶어 고문하면서
장애를 덮어씌워 키울까

먹지도 크지도
무릎 꿇지도 펴지도
날아가지도 못하는
저 슬픈 저 나무의 눈물을
당신은 울음으로 듣는가

클로버의 대화

허리 부러진
네 잎 클로버가 한마디 한다

허리는 부러졌어도
선남선녀 시집詩集 갈피에
납작 엎드려 잠자는 게
아무나 선택받는 행운인가

그러자
세 잎 클로버가 웃으며 말한다

골짝에 사나 등성이에 사나
선남선녀 무서워 숨지 않아도 되고
맑은 바람 쐬며 자유 마시고 살아가는
이 행복이 으뜸이지

도시나무

가로를 따라 열병식하는
플라타너스

삭발한 머리 위에
눈보라 날리고

발목엔
쇠사슬 칭칭

사형장 끌려가는
죄수의 행렬이다

누가 몽돌을 우정꽃이라 했는가

거제도 몽돌해변에 누워있는
흑진주 몽돌은
윤나는 까만 나체를 선택하며
누군가와 맺은 인연 그리워하고 있다

현해탄 저 멀리서 달음박질쳐온 물살
숨소리 거칠고
가쁜 숨 몰아쉬며
물보라 한숨 길게 내쉰다

누굴 만나려고 이리도 바삐 달려왔는가
물살친구 만난 몽돌
몸 씻고 손 내밀어 따라가다가
다시 올 땐 따라온다

해가고 달 오는 긴 세월
몸 닳도록 수평선 오가며 맺은 우정이
환한 꽃 피어 살 깎는 아픔 녹인다

칡넝쿨을 노래함

흙냄새 맡으며 기어 다닙니다
허리가 너무 길고 힘이 없어서
혼자서는 일어설 수 없어
엎드려 삽니다

그러나 꺽다리 친구들이 옆에 있어
그냥 저냥 불편 없이 삽니다
친구 등에 업혀 남보다 높은 곳에서
아래를 내려다보고 삽니다

소나무 도토리 가문비나무 가리지 않고 업혀
괴롭히며 살아갑니다
그러나 비가 와 몸을 적실라치면
친구 몸이 젖을까 저어해
넓은 손차양 뻗어 비를 가려줍니다

순천만 갈대 하늘

뻘 구덩이에 발 담그고
퉁퉁 부른 무거운 발 질질 끈다

뭍바람 등짐 지고
서서 걸어온 한 평생인데
등짝인들 곧으며
머리인들 아니 희었겠는가

넘어질세라
허리 다칠까 저어해서
서로 기대고 의지하여
허리는 태백산맥처럼 꼿꼿하다

으악새 우는 풍경

무등산 바람재에
으악새 무리지어 날아오른다

하얀 깃털 날리면서
바람결 장단에 맞추어
고달픈 삶을 울음으로 노래한다

억새 머리에 말간 달빛이
밤새워 피운 하얀 목숨꽃

북풍 싫고 남향 볕 그리워
남쪽으로 고개 숙였다가
바람 호루라기 소리에 맞춰
일제히 고개 들고 우는 으악새

섬진강, 꽃길 따라 흐른다

물길 따라 오백리
갈 봄 여름 없이
재첩이 울고 웃고

골골마다
여울마다 환히 웃는 매화꽃
사방천지 매화향 바람 타고 흩날리네
봄이 피는 섬진강은 화엄이로세

잔설 녹아 흐르는 봄물 발이 시린데
십 리 벚꽃터널 저 건너 여름이 손짓하고
하얀 꽃길너울 따라
내 마음도 흘러간다

고로쇠 맑은 피

신 새벽 고로쇠나무 숲을 걷는다
백운산* 옥룡계곡은
나무들이 숲정이 산소로 목욕재계하고
겨우내 온몸에 머금었던 맑은 피를
벌거벗은 채로 토 하는 헌혈 현장이다

지리산 천왕봉 천기天氣와
백운산 지기地氣를 받은 합국의 주인이다
산소보다 더 맑고 달금한
고로쇠나무의 피다

촉촉한 땅 찾아 물방울 탁발하고
바위틈 맑은 공기 빨아 만든 수액
몸 녹는 경칩 언저리에
얼굴 핼쑥해지도록 방울방울 토하여
한 모금 두 모금 세상에 바친다

* 전남 광양에 있는 산

벚꽃은 밤하늘 강물처럼 흐르고

가지마다 눈꽃 하늘 환히 피었다
하얀 꽃 그림자 데리고
4월 거리 새봄이 활보한다

눈꽃 숲에서 하늘을 보면
하늘 하얗고 밤도 환하며
은하수 쏟아져 강물 흐른다

봄바람 시샘하여 꽃가지를 흔들면
손 흔들며 가지 떠난 벚꽃눈개비
거리에서 춤추며 흩날린다

은자殷者의 봄

지리산 깊은 골에
꼭꼭 숨은 저 봄눈 처녀는
아마도 얼굴이 노란색인가 보다

흘러내리는 눈 녹이 물이
어느새 먼 구례 산동마을에 와
노란 바다물결로 출렁인다

난초

보고파 눈 마려운 이
애간장 다 녹는데
꽃자루 숨겨놓고
꽃피울 생각일랑 아예 않고
이슬 진주 방울만 굴리는
심지 굳은 여인

깔밋 자태 날씬 몸매
청초 말끔한 피 돌이 혈색
풀 이슬만 마시는
세상의 풀 중 풀

그러나 잡풀과 더불어 살아가면서
항상 고개 숙이고
세상의 발치만 쳐다보며
살아가는 풀 중의 풀입니다

5월 하늘

실오라기 한 올 걸치지 않은
황홀한 저 파란 살빛이
내 눈을 유혹함은
죄가 될 수 없다
두 눈 뜨고 보기엔 너무 부셔
한 눈 감고 한 눈으로 보다가
차라리 하늘을 불러내려
파란빛으로 눈을 씻는다
어제 내린 봄비 샤워
말끔히 때 벗긴 5월 하늘이다
세상 티끌 씻는 게 빗물이라면
이 땅의 온갖 잡티 씻어줄
소나기 한 줄금 그립다

할미꽃

평생 허리 펼 틈 없이
논밭이랑 따라 걸어온 삶
허리는 굽은 채 굳었다
망부亡夫의 정 그리워
할아버지 뭇등 잡풀 숲에 홀로서서
가무잡잡이 그을린 얼굴에 흐르는
보랏빛 땀방울 삼키며
삼복 뙤약볕 머리에 이고
다소곳이 고개 숙인 채로
합장合掌하는 할미꽃

꽃 진자리 향이 붉다

구부러진 가지에도
꺾어진 가지에도 꽃은 피고
꽃 핀 가지에도
봄바람은 허리 꺾어진다

꺾인 가지에 핀 꽃이나
성한 가지에 핀 꽃이나
향기는 매한가지 아니더냐

꺾어진 저 가지도 태풍 전에는
무성한 꽃잎 나풀거리지 않았느냐

담쟁이, 꽃초롱 밝히다

흙돌담만 넘다가
미끄러운 시멘트벽을
기어오르자니
여간 힘 드는 게 아닙니다

검은 옷 밤손님만
검은 맘 뒤집어쓰고 넘던 담을
손톱 빠지도록 벽을 후벼 파며
기어오릅니다

이빨 빠지도록 입 앙다물고
푸른 마음이 초록날개 휘저으며
어깨동무 손잡고 끌고 밀며
높은 담을 넘습니다

못 오를 벽 없고
못 넘을 담 없는 담쟁이 생 앞에
초록 꽃으로 환히 핀
끈질기고 느린 협동의 철학이
꽃초롱 밝힙니다

빛을 먹고 사는 바다

바다는 빛을 먹고 산다
어둠 속에 빠진 바다는
숨을 쉴 수 없어
허우적허우적
버둥버둥 뒤척인다

별이 뿜어주는
가느다란 빛으로
겨우겨우 연명한다
힘 파해 숨소리 가늘어질 즈음
하현달 나타나 명을 이어준다

뒤척이며 견디던 바다
해 떠 날이 밝으면
반짝반짝 눈망울 빛나고
활개 저으며 춤추리

진한 흔적

구름에게서 버림받은 설움 안고
빗방울이 먼 길 내려와
돌멩이 가슴에 안기어 위로 받다가
그 가슴속 깊은 곳에 스며들어 가뭇없다

아버지 피 한 방울이
진한 흔적 꽃으로 피어
바람결에 날리고 비에 젖고
가시 돋친 세상에
긁히고 찔리고 피흘린다

낡지 않고 지워지지 않을
인생흔적
진한 흔적 남기고파 걷는
오뚝이 인생이다

단풍

이제 떠날 시간이 다가온다
새봄 올 때 같이 오겠노라고 약속하고
낳아서 키워주고 늙도록 돌봐준
엄마며 고향인 가지와 작별을 해야 한다
여름 내내 뙤약볕 쬐며 길쌈 놓아 지은
빨간색 수의를 갈아입는다

사람의 고향은 저승이다
그곳에 돌아 갈 때는
정갈한 새 옷 갈아입지 않는가
꽃가마 타고 금의환향한다
허나 인간이 어떻게
이별할 때를 미리알고 단장하는
자연의 예지력 준비성을 따르겠는가

모든 살아 있는 것은
생의 끝자락이 있다
심장은 그곳 향해 달음박질친다
잊고 살 뿐이다
봄을 기대하는 준비된 이별은

아름답고 곱다 단풍처럼
봄은 틀림없이 올 것이므로

가을내음

공중이 붓을 들었다
초록으로 푸르던 산이랑 들에
분홍 빨강으로 덧칠한다

플라타너스 가로수에는
감잎에 칠한
그 갈색을 칠한다

노란 은행나무는
열매에 노랑내음이 배어
열매에서 노랑내가 난다

가을은 하양 빨강 분홍 노란
색깔내음이 난다
가을내음은 향수보다 진하다

자연에게 참회합니다

오래전 산천은
뻘건 상처가 너무 쓰라려
밤낮없이 엉엉 울었다

나 어릴 적
꽤나 많은 나무들을 목 잘라 죽이고
말려서 또 죽이고
또 태워 죽였다
산천의 상처도 꽤나 많이 냈다

나는 자연이다
자연의 살덩어리가
자연을 먹는다

자연이 나를 키웠고
살린다는 걸
이제야 알고 참회합니다

서리꽃

자유로워 보이는
산마루 높은 곳에
나무서리꽃 핀다
세상에 제 몸 자유로이
건사하는 놈 드물다

하늘 부름 받고
승화하여 승천하다가
추위란 놈한테 잡혀
나무 가지에 주저앉고 만다

햇볕도움으로 자유 몸 되어
도망치다가 또 잡힌다
추위란 놈이 쳐놓은
그물 뚫고 도망가느니
차라리 상고대 꽃이 된다

겨울나무

너 어이 이 추운 날
황량한 벌판에서
두 손 들고 벌을 서느냐
꽁꽁 언 땅이 발을 묶어
오므락달싹도 못하고 서서
저 넓고 무거운 하늘을 떠받치고
참회하느냐
발끝에서
손끝 까지 흐르는 냉기가
땅에서 하늘 닿는 데까지
온 몸에 낀 때 말끔히 닦아주는데
눈 오면 눈 맞고
비오면 비 노 맞으면서도
남의 자리 탐할 줄 모르는 너
겉옷 한 벌 걸치지 않은 알몸으로
봄을 기다리는 너를 닮고 싶다

강이 어는 이유

강은 산 그림자만 삼키고는
입을 다물었다
괜히 돌멩이 먹어 봤댔자
소화도 안 되고
속만 더부룩하다

지나가는 놈팡이가
장난삼아 던지는 돌멩일랑
삼키지 않고
뱉어내려고 언다

3부

아름다운 자리

진주조개

진주를 잉태한 어머니
터질듯 부른 배 움켜쥐고
가쁜 숨 몰아 쉴 때
입가에 이는 거품이 모지랍다

태산을 몸속에 품어 안고
모진 아픔 인내하면서
탯줄이어 키워온 생명
진주의 갸륵한 탄생이다

터져라 화산이여
아픔의 결실이여
빛나라 진주여

불일폭포의 눈물

가슴이 큰 산은 눈물도 많다
지리산은 키도 크고 가슴도 넓다
오십년 전에도 우르르 쾅쾅 소리 높여 울더니
오늘도 가슴 찢어져라 통곡한다

그 넓은 가슴에 밤새도록 무엇이 녹았기에
저리도 많은 눈물폭포 흐르는가
쌍계사 찾아오는 중생들의 얼어붙은 마음길이
부처님 가슴에서 녹아 폭포 눈물로 쏟아진다

천왕봉 넘던 조각구름
더 가자니 갈 곳 없어
거기 앉아 긴 숨 몰아쉬다가
차라리 빗물되어
넓고 큰 산 가슴에 젖어들어
불일폭포 눈물 눈물로 흐른다

땅에 뒹구는 하얀 향

애기먼동 눈 비비는 신 새벽
찬물로 목 축이려 나온 새아씨처럼
해맑은 얼굴 수줍게 내민 꽃 목련
내일이면 저 뽀하얀 볼에 입 맞추려 했는데
누가 볼까 저어해서 밤중에 몰래 몰래
담장 밑에 엎드려 흙냄새 맡는구나

담 밑에 뒹구는 꽃잎이라고
함부로 짓밟지 마라
꽃잎 못 떠나고 맴도는 영혼 밟힐라
그 영혼 하얀 향
고샅길에 흩어지리

나의 길

나의 길은 험난한 길은 아니었다
다만 외로운 길이었다
타인이 만들어놓은 매끄러운 길을
아무리 걸어도
내가 걸어온 발태죽은 남지 않았다

나는 아무도 가지 않은
새로운 나의 길을 만들고자
헛생각만 했다
길은 사람들이 많이 지나가서
그 흔석이 남아 있어야 길이다
남이 만든 길도 마저 걷지 못하면서
새 길을 생각한 건 꿈이었다

많고 많은 길을 다 가려고
욕심부리지 말고
남이 만든 한 길을 걸으며
길속에 나의 발태죽을 남길 일이다
혼자 걷는 인생길일지라도
흔적이 남는 길은 외로울 수 없다

분홍 젖가슴

매력 넘치는 가을미남 온다고
붉으스레 얼굴 붉히고
수줍게 웃고 있는 설악이
팔 벌려 가을을 맞는다

작년에 정주고 갔던
그 가을이 또 온다고
색동옷 연지 곤지 빨간 립스틱 분단장한
내장 숲 고운 잎 잎들
분홍 젖가슴 풀어헤치고
가을을 안는다

쌍안경 마을

고성 통일전망대 저편
강 건너 먼데가
가까이 다가온다

물속 버들붕어 은피라미 오간다고
먼 곳이 아니겠느냐

안경 속
멀고도 가까운 이상
안경 밖
먼 이승

봄이 창유리를 연다

볕살 부신 봄 창유리가 열렸다
벚꽃눈발 흩날려 하늘 별은하가 흐르고
돌이끼도 푸릇푸릇 살 오르는 봄날
청보리 나풀나풀 목암지*를 끄덕이는데

벌써 아니 벌써 돌담 밑에 엎드려
흙내음 맡으며 안으로 흐느끼는
목련 영혼 애처롭다

세상에 향기 지닌 꽃 치고
지지 않는 꽃 어디 있더냐
덧없는 긴 목숨 백 개면 무엇하랴만
스쳐가는 봄바람보다 더 빨리 지나가는
목련꽃 한생애가 너무 짧아 애달프다

* 목을 뜻하는 사투리

살아있는 것은 다 운다

하늘은 살아있으므로 눈물 비 흘리고
땅은 뜨거운 숨 쉬는 흙 가슴이다

뜰의 잡풀시울에 맺히는 흐느낌은
어둠속 신의 설움 바람 부는 흔적이고

정원의 백합 장미꽃들이 꽃눈시울 적시는 이유는
어제 꺾인 백합 장미송이가 그리움 그때문 아닌가

하늘 신 땅이 울고 백합 장미도 눈물 흘리는데
살아있는 사람이 어찌 울지 못하겠는가

가슴은 용광로다

쇠가 녹아 액체가 된 것이 쇳물이라면
눈물은 눈[眼]이 녹은 물이란 말인가

슬픔이 가슴에서 녹아 솟구쳐 흐르듯
기쁨이
반가움이
그리움이
아픔이 가슴에서 녹아서
솟아오르는 것이 눈물이다

감정의 집은 가슴이고
눈물은 감정이 낳는다
가슴은 용광로이기에
눈물은 뜨겁다
살아있는 뜨거운 물은 솟구친다

속 없는 놈

키 크고 속없는 놈이라고 남들은 말하지만
봉준장군 앞에 서서
탐관오리 응징했고
지체 높은 선비가슴팍에 안기어
사랑받는 죽부인이었습니다

무말랭이 하얀 속살 보듬고
따스한 볕살 아래서
맑디맑은 무향 마시며
낮잠 즐기는 소쿠리였습니다.

매끄럽지 않은 생애 마디마디 묶어두고
속창아리 꺼내어
크고 작은 세상사에 다 바쳤습니다

소나무 30년 클 키를 한나절에 컸으니
속 없는 놈이 맞습니다마는
하나 남은 올곧은 푸른 절개
하늘을 찌릅니다

화해

둘은 만나기만 하면 싸운다
바람은 오늘도
나무의 멱살을 잡고 흔들어댄다

나무는 한 발자국도 물러나지 않고
매를 맞는다
꿈쩍 않고 매 맞는
나무에게 질린 바람은
결국 스스로 지쳐 매질을 멈추고
참회하며 화해의 마음길로
나무를 쓰다듬으며 달랜다

감정이라곤 반조가리도 없는 바람이
참회하며 화해의 손 내미는 세상에
감정 있는 인간의 아옹다옹하는 모습이
부끄럽기 한량없다

하늘바다 물고기

하늘바다에 물고기 한 마리
지느러미 노젓는소리 청아하다
허공을 헤어가는 물고기는
어디로 가려하는가

내소사 대웅전 처마끝에서
목탁소리 잔 파도에 몸 띄우고
가는 둥 마는 둥 빙빙 돈다

속세 닦는 마포 행주 같은
노승의 염불소리 낭랑한
절집 집시랑에서
극락길 같이 갈사람 기다리는
풍경 물고기

열매 · 1

- 엄마 열매

나는 세상 빛 본 그때부터
내 머리만한
엄마 열매를 따먹고 컸다

고사리 양 손으로 부둥켜안고
몰랑몰랑 동그스런
열매꼭지를 잘근잘근 씹어
달짝지근한 하얀 국물 빨아먹는다

평생 자연의 열매를
따먹고 사는 인간
땅속 열매까지 먹고 살다가
껍데기만 남은
우굴쭈굴한 엄마의 열매 껍질을
영원의 땅에 묻는다

열매 · 2

- 메주콩의 일생

군소리 없이
집만 잘 보고 도둑 지켜왔는데
느닷없이 도리깨 회초리로
종아리를 마구 두드려 팬다

손때 매운 할아범 매질이
얼마나 아팠으면
떼굴떼굴 굴러 도망친다

나 늙어 안방 지키며 대접받을 나이에
매 맞고 쫓겨나는 신세라니
항아리 골방에 모여 앉은 메주콩 할배들은
잘 살아온 생인가를 더듬는다

덧없는 신세한탄 해본들 무슨 소용이랴
걱정마라 너의 진가
알아 줄이 여기 있나니
너는 밭에 나는 쇠고기느니라

아름다운 자리

1.
명퇴한 중년이 무료한 시간을 보내려고
뒷산에 오른다
다리가 팍팍하고 숨차다
앉아 쉴만한 돌 방석을 찾아
헐떡이는 다리를 달래려 하니
어느 교양 없는 산새가 갈겨놓은 배설물이
널부러져 말라붙어 있다

2.
맑은 공기만 마시고
높은 길만 날아다니기에
고고한 성품에 행동 또한
고매한 줄로만 알았던 중년은
새가 듣고 있는 낮말로 나무란다
- 이무슨 교양 없는 짓이냐
차라리 땅에 기어만 다니는 토끼도
그런 짓은 않는다 이놈 -

3.

어느 전철역 화장실에

낙서가 아닌 계도문이 향내를 풍긴다

- 아름다운 사람이 앉았던 자리는 아름답습니다 -

해

바다는 저 멀리서
가랑이를 서서히 벌린다
붉은 핏발 번지더니
영롱한 핏덩이 황금알을 낳는다

혹시 내가 잠든 사이
오늘도
저 가랑이에서 나온 게 틀림없다

바다는 이제
해종일 지쳐서 충혈된 눈망울
뜨거운 해를 통째로 삼킨다
오늘을 먹어치운다

지금은
깨진 사금파리 조각조각들
검은 화선지에 수를 놓아
반짝반짝 빛나는 밤이다

계절을 삼킨 나무

나무는 푸른 꿈을 꾼다
꿈이 녹아 온몸에 초록 물들었다
꿈을 싣고 날아가고 싶어
손 뻗고 한 치 두 치 하늘로 다가간다

봄 비 한 모금으로
겨우내 마른입 촉촉이 축이고
여름이면
소나기 받아 이마에 흐르는
땀을 씻는다

찬바람에 날리는 하늘꽃잎
낙엽 깔린 땅에 스며들어
흔적 지우는 것이 아쉬워
짧은 팔 쭉 뻗어 받을 때
송이송이 육출화 피어난다

천하의 바람둥이들

사타구니 안쪽 깊은 골짝에
거웃 몇 포기 삐져나와
바람 불면 날릴 듯 아슬하다
아랫도리 발라당 까발리고
실오라기 한 올 걸침 없이
가랑이 쫙 벌리고 암내 솔솔 풍길 때
세상 바람둥이들이
암꽃 향내에 입맛 다시고 모여든다

발정이 절정에 다다른 암꽃
입술 촉촉
토실토실 허벅지 붉으족족
섹시하기 그지없다

이년 좋다 저년 좋아라 들랑날랑 나니는
천하의 바람둥이 벌 나비들이
혀 날름 입술 널름 입맛 쪽쪽 다시고
침 잴잴 흘리며 덤벼들 땐
쫙 벌린 가랑이로 꼭 껴안고
쪽쪽 입술 먼저 내준다

죽녹원 가는 길

- 죽향竹鄕을 다녀오다

추월산 봉우리에 의젓이 걸터앉아
숨 헐떡이고 오는 중생 반기는 보리 암이
지긋이 눈감고 화엄세상 부르는
목탁소리 낭랑하다

금성산성 돌고 돌아
잔잔히 출렁이는 담양호 맑푸른 물거울에
오동통 만삭 대보름 달그림자
두둥실 떠 뒹굴고
죽녹원* 대숲그림자
한가로이 떠 노닌다

늘씬 몸매 메타세콰이어*가
팬티만 차고
두 줄로 서서 반기더니
잘 가라 손 흔든다

* 담양에 있는 대숲공원
* 가로수, 담양에는 메타세콰이어 길이 있음.

무등無等의 기상

무등산 정수리에 깎아 세운
돌기둥 상투 입석대가
구름 뚫고 하늘 찌르는
높고 높은 기상으로
민주 민주 외치던 그날

깃발 높이 들고
민주를 부르짖던 영령들
누워 잠든 망월 땅
아무리 차가운들
그해 오월보다 더 싸늘하리

해마다 오월이면 산딸나무는
새하얀 눈물꽃 소복차려 입고
오는 이
가는 사람
눈물 닦아준다

파도 우는 회천포구*

-회천 팬션에서

득량만 파도는 순하다
화낼 줄 모르던 파도가
회천 포구에 와서는 서럽게 운다

시멘트 옹벽에 연하디 연한
대갈빼기 들이받으며 소리 지르며 운다
돈 많은 자들이
돈 처발라 쌓은 옹벽에 막혀
파도가 갈 길을 잃었다

갈 때까지 갔다가
돌아갈 파도가 아닌가
자연들은 합창으로 소리 질러 시위한다
갯바위도 해송도 갯가몽돌도 모래도
제발 만지지 말라고 알아서 하겠노라고
우리들의 이름은 자연이라고

* 전라남도 보성군 회천면에 있는 포구

강원계곡의 소리

듣기 싫어 고개를 돌려도
귀를 막아도 들리는 소리
아스팔트가 타이어 핥는 소리
닳고 닳는 타이어의 외울음
도시의 소음이다

도시의 소음은 시끄럽다
술 취한 사람이 지르는 고성방가는 공해다
밤중에 코골이는 고장 난 트럼펫을 분다

여기 생명의 소리가 있다
바위를 만지고 넘어가는 바람소리
물과 물의 몸 비비는 소리
오월 새순에 오르는 초록물소리
강원계곡 소리는 자연의 숨소리다

잎 새에 숨어 속삭이는 산새의 독백
시비 거는 짱돌 달래는 계곡물의 설득 송
바람과 나뭇잎의 속삭임은
강원계곡 독백이요 자연의 노래다

4부

꿈속 어머니 손톱

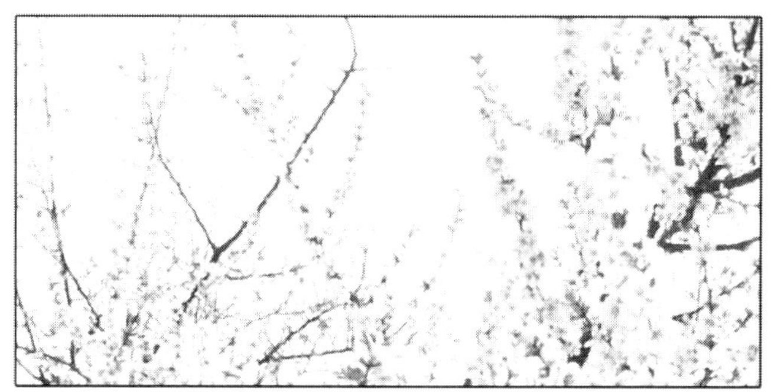

할머니 물레 인생

물레 잣는 소리 들으며
할머니 무릎 베고 놀던 손자
살내가 좋아 무릎에 코 박고 잠든 새
물레가락*은 배가 불러옵니다

가늘게 살아온 인생만큼 길고 약한 생이
머리 색깔 닮은 하얀 빛을 발하며
물레 꼬챙이에 쌓여 통통한 토리*를 낳습니다

가슴으로 보듬어 키운 손자
철들어 둘러보니
할머니는 안계셨습니다

할머니 가슴 닮은 손자는
왕대처럼 바르게 컸고
굽은 등 할미꽃을 좋아했습니다

* 가락 : 실을 자을 때 고치솜에서 나오는 실을 감는 쇠꼬챙이.
* 토리 : 쇠꼬챙이에서 빼낸 실뭉치.

꿈속 어머니 손톱

내 똥오줌에 절어
노르스름한
딱정벌레등 손톱

깎으려고 손잡으려니
잡히지 않네요
보이지 않네요

허공만 만지는 슬픈 손
끝내 두 눈에 흐르는 눈물을 닦습니다

어머니의 기도

깊은 마음
정성 녹아든
정화수井華水 주발이
깊고 넓은 호수였습니다

어머니는 해마다
내가 세상 빛 본 날이면 그랬고
시험칠 때면 그랬고
군에 갔을 땐
별일 없이 잘 있다가 제대하라고
장독대 위
잔잔히 출렁이는 호수 앞에서
두 손 모으고 기도하더니

오늘은
비되어 목축임 물이 되시고
이마의 땀 날리는 바람이시니
어머니의 기도는 끝이 어딜까

이랴 워 워

골짜기 다랑이 논두렁에 서면
이랴 워 워
아버지 목소리 들린다

이 골짜기
저 논배미 두렁에
부딪쳐 오는 메아리
이랴 워 워

나 어릴 적
아버지 써레질하며
이랴 워 워

골짜기엔 아버지와 소
단 둘뿐이었다

한여름 어머니

집 앞 고샅길 들머리
다섯 길 깊은 우물물 길어다가
등판에 흐르는 육수진국 씻어주던
어머니 손길

초가지붕 박넝쿨에
달덩이 박 주렁주렁
박속 긁어 무쳐주던
그 손맛

맷돌 주둥이에 콩 먹여 갈고
무쇠 솥 아궁이 아가리에 장작 물려
콩죽 쑤어주던
매시러운 솜씨

다랑논 풋 나락 베어다가
홀태에 훑어 무쇠 솥에 삶아 찧어
올벼쌀 만들어주던 어머니

그리워지는 이 한 여름밤

사랑 참마음

먹는 모습이 흐뭇하거든
그냥 바라만 보고 계십시오
먹는 것에 관여하지 않아도 돼요
알아서 먹을 나이입니다

어머니의 노심초사가 못내 신경 쓰여
어머니를 달랜다

어머니는 내가 먹는 밥상 옆에
한쪽 무릎 세우고 앉아
이것 먹어봐라
조심히 먹어라 가시 걸릴라
귀찮을 정도로 관여한다

밥과 함께 씹히는
고소한 사랑 참마음이
허기진 배를 채운다

울 어무니 울 아부지

멸따구 잠 안 살라요
데망 머리칼 문드러지고
고개 빠져라 멸따구 포 이고
웃녘 성중
전주 남원춘향골 가가호호
대문 두드리며
애걸하던 울 어무니

빈 지게 업고 뒷산에 가
데리고 간 갈퀴 시켜
가래랑 솔방울 긁어모아
한 짐 지게 품에 안겨놓고
몰초 한 대 피워 물던 울 아부지

하얗게 팬 억새풀이
아부지 어무니를 생각케 한다

이제는
해 지면 이슬되어
별빛 타고 몰래몰래 내려와

자식 목축임 물방울되는 어무니 아부지
부디 극락왕생하소서

아버지 빛깔

1.
나는 한 때는 떫고 떫었다
홍시 노인이 낯붉히며 말한다

얼굴 탱글탱글 홍옥 노처녀가 말한다
저도 옛날엔 푸릇 새콤했었지요

나는 커가면서 이렇게 곰보가 됐소
노란 유자가 빡빡 얽은 낯바닥 손 가리고
향내 뿜으며 말한다

나만큼 주름 많은 놈 나와 보라해
주름수로 형 동생 가리자
검붉은 대추 할배 쭈굴쭈굴 얼굴 자랑한다

2.
나이 들면 제 색깔 뚜렷해진다
작년엔 아버지 머리에
희끗희끗 서리꽃이 피더니
올핸 눈꽃 만발한걸 보니
인생색깔은 아버지 머리에 피는
백화白花 빛깔인가 보다

어머니 입김은 정이다

초가집 등허리에 우뚝 솟은
굴뚝아가리에서는
설악산 대청봉을 덮은 눈색깔만큼
하얀 입김이 피어오른다

서리꽃 활짝 핀 머리에 함지박이고
장에 갔다 오는 어머니 입에서도
군불연기, 하얀 입김이 박꽃 피듯 피어오른다

방고래 껴안은 구둘 장 데운 훈김이나
가슴팍 뜨겁게 데운 입김이나
다 같이 훈훈하다

호호불어 언 손 녹여주던
어머니 입김 없는 지금은
온돌방 아랫목 이불 속에서
녹는 손 부비며 어머니 정 생각한다

아버지 꽃

길쭉한 작대기에 목매단 은빛괭이가
흙내음 흠뻑 머금고
아버지 어글어글 갈퀴손에 이끌려
목숨보다 더긴 밭이랑 더듬더듬
한평생 길을 따라왔습니다

연실보다 더 멀고 긴 세월동안
좁아진 아버지 이마에
깊은 이랑 파고 묻던 괭이는
오늘은 흙살내음 그리며
헛간 바람벽에 기대어 서있습니다

아버지 넋이 붉은 쇠꽃으로 피어난
은빛 하늘이마를 인 채

낮은 곳에서 출렁이는 바다이더니

냉기 서린 윗목이
당신 자리였습니다

생선머리 꼬리가
당신 차지였습니다

정재 부뚜막이
당신 밥상이었습니다

무쇠밥솥 밑바닥에 누러 붙은 보리 누룽지가
매끼 당신의 주식이었습니다

세상 제일 낮은 곳에서
출렁이는 바다이더니

이제는 별강 돛단 별 되어 별 초롱 켜들고
자식 가는 어둔 길 밝히시는 어머니

농경 필경 다 인생이다

아버지는 닭과 함께 잠을 깨
그길로 소와 함께 들에 나가
밭을 갈았습니다
아이는 종이밭에 연필쟁기질을 하여
꿈 씨를 뿌리고 갈았습니다

아버지는 내일 꼴을 벨
낫을 갈 숫돌을 쓰다듬고 달랩니다
숫돌은 제 몸을 깎고 갈아
낫날을 세웁니다
연필 쟁기 보습 무뎌지면
별을 헤며 인생을 깎고 다듬었습니다

아내 산

–관악에게

하늘 높은 줄 제 아는가
키를 키우려고 머리에 인
연주대 바위가 너무 무거워
그 아래 뜬구름 위에 앉아 쉬는 산
내가 오르기 좋은 키를 가진 관악이다

다리 아프고 숨차다면
돌 방석 내밀어 나를 앉혀서
다리 주무르고
가슴 쓰다듬어 가라앉혀주는
저 어머니 산

울고플 땐
가슴팍에 안겨 머리 묻고
소리내어 울어도 흉되지 않는
내 친구 같은 산

떨어지면 붙고 싶고
멀어지면 늘 가까이 가고 싶은 사람
가까이 가면 가슴속에 들어앉고 싶고

가장 잘 알 것 같으면서도
잘 모르겠는 그 사람
나의 아내 산

삼베길쌈, 할머니 인생이다

어머니 윗녘 장사갔다 오는 길에
희끗희끗 서리꽃 핀 머리에
삼나무 껍데기 한 아름 이고 왔다
할머니랑 이웃 아낙들 들러 앉아
삼나무 껍질 가늘게 쪼개고 쪼개
무릎 벗겨져라 삼을 삼아
길고 길게 인생을 이었다

마당 복판에 반듯하게 날아놓은 인생 날실에
풀 화장 스며들어 꺼들꺼들 마르면
솥뚜껑 큰 빗솔로 쓱쓱 빗어 베를 매서
빳빳하고 정갈한 올들을 감아
도투마리* 몸을 살찌운다
배부른 도투마리 베틀에 앉혀놓고
북통 좌우로 왔다 가고
보디* 앞뒤로 오가는 새
도투마리 몸은 야위고
삼베는 점점 키가 자라 어른이 된다
눈물로 씨실매고 한숨으로 날실 날던 할머니
이 세상 옷 벗을 때

추운 몸 감싸려고 정갈한 까실까실 도복 한 벌
장롱 안쪽 가장 상석에 앉아 기다린다

* 도투마리 : 베를 짤 때 재료인 날실을 감아놓은 물건.
* 보디 : 빗질하듯 앞뒤로 오가며 베를 짜는 물건.

어머니 맞잡이 우리 누님

어제 팔던 생선 비린내가
누님 품에서 곤히 잠들었다가
새벽 일찍 주인을 깨운다

갈치 조기 고등어 송장들을 보니
서울 사는 동생 생각이 잠을 쫓는다

콩 팥 깨랑 고향 때 묻혀
주머니 주머니 꼭꼭 싸매서
어머니 맞잡이 누님이
택배로 부쳐 놓고 전화를 한다

밥은 먹었냐
뭐에다가
몸은

자취시절 어머니가 챙기던 그대로다

여름 저녁밥

할아버지는 모시적삼입고
툇마루에서 저녁을 드신다
할머니는 할아버지와 겸상을 한다
달빛이 밥을 훔쳐 먹으러
멍석 위에 자리 잡은 밥상에 내려와
나와 겸상을 한다
내 밥 훔치러 온 달빛을 잡아
하얀 사발에 가두어 밥과 비빈다
고추장 섞고 열무김치 송송 썰어
달빛 탕에 말아 여름을 마시는데
모기 드라큘라가 빨대침 들고 달려든다
저녁식사를 하려고하는
모기 드라큘라의 침입을 막는
모깃불 하얀 연기는
달이 질 때까지 보초를 선다

비빔밥 속 나물

고사리 콩나물 시금치 애호박
산에 들에 남새밭에서
저마다의 생김새로
각자 쓰임새를 안고 살다가
함께 모여 하나가 된다

양푼무대에서 울려 퍼지는 오케스트라
새 화음 빚어낸다

셋이 모이면 하나가 왕따 되고
넷 만나면 둘둘 갈라지는
말 많고 시끄러운 인간세상
비빔밥 양푼 속에 넣고 비벼볼거나

생밤을 깎으며

아버지 제상에 진설할 밤을 깎는다
떨떠름한 보늬를 벗긴다
뽀하얀 알밤 목덜미속살이
그대로 어린아이 마음이다

인생 육십년을 갈고 닦고 깎고 문질렀지만
마음에 낀 보늬는 두터워지기만 했는데

언제까지 벗겨야
깎은 밤톨 같이 하얗게 빛날 것이며
샘물보다 더 맑은 속이 나타나랴
두꺼워진 마음의 때를 누가 벗겨줄 것이며
누구에게 닦아달라고 부탁할까

한복의 노래

젖가슴만 겨우 가린
저고리 짧은 깃이
길쭉 늘어진
가느다란 옷고름에 묻힌다

남정네 달빛편지 받아 숨기는
넉넉한 오리 배꼬리 소매 끝에
다소곳이 내민 손등 백옥살결이
수지운 표정 짓는다

조붓한 동정 하얀 줄기가
귓불 지나 탐스러운 목덜미 휘감고 돌아
두 줄기 폭포로 쏟아져 내리다가
젖몽올계곡에서 포옹한다

파도를 보듬고 사는 먼 바다 같은
옥색 치마는 말한다
-나 치마폭으로 싸안아 너를 키웠듯
네가 흘리는 삶의 눈물도
치마폭으로 닦아주겠노라 -

숫돌

낫 놓고 ㄱ자도 모르던 할아버지
ㄱ자는 몰라도
낫이랑 숫돌을
친구 삼아 살아온 여든 해
사는 데 부족함이 없었습니다
보리나락 소꼴 벤
할아버지의 삶이
그의 아들로 이어졌습니다
제 몸 깎아 낫날 일으켜 세우느라
숫돌의 허리는 할아버지 허리같이
홀쭉 얇아졌습니다
무뎌져 잠자려는 낫날 깨워 세운
숫돌의 대를 이은 희생이
한 덩이 돌만 못한 내 생을
부끄럽게 합니다

허수아비

하릴없이 조는 외로움만 충만하여
꾸뻑거리는 고향 지킴이가
헐거운 남루 걸치고
일하는 자세 그대로
빈들에 서있다

알곡으로 꽉 찬 황금 들판일 때
할아버지 손잡고 이곳에 와
흙내음에 반해서
선 자리에 말뚝 박고
고향지킴이가 되기로 했다

작두 물

세상 제일 낮고 어두운 곳에서
무릎 꿇고 앉았으면서도
문밖에 서리 내리고 살얼음 굳는 날이면
얼음 녹일만한 따뜻한 가슴을 지녔다

아버지 등짝에 끈적끈적 육수진국 홍수질 때는
한 바가지 작두 물 서늘한 기운에 가슴 시렸다
뜨뜨 미지근하게 덮여져가는 수박덩이를
차갑게 식힐만한 냉철함을 갖춘 고고한 샌님이다

곧 죽어도 마중을 가지 않으면
문밖을 나서려 하지 않는다
한 바가지 마중물이 고개 조아리면
그때야 무릎을 펴고 기동을 한다

메주 장가가는 날

할머니는 도톰 물렁
오동포동 엉덩이를 토닥토닥 두드려
잠 재웠습니다

덥다면 시렁에 매단
지푸라기 그네 태워줘
맑은 바람 쐬면서 메주를 띄웠습니다

방귀도 제법 어른답고 독하게 뀌고
잔털 덥수룩 자라서 살림나
독립할 때가 됩니다
집안 세상을 바꾸겠다고
덥수룩 수염 깎고
말끔히 목욕재개하고
소금물에 장가갑니다

<작품해설>

토속어 잔치, 마음 잔치

김순진(문학평론가 · 고려대 평생교육원 시창작강사)

<작품해설>

토속어 잔치, 마음 잔치

김순진(문학평론가 · 고려대 평생교육원 시창작강사)

심철수 시인과 만난 것은 지난 2010년 5월이다. 그는 이미 다른 문학단체에서 문단활동을 활발하게 전개해오고 있었는데, 필자가 발행하는 스토리문학의 명성을 듣고 신인상에 공모에 응모해왔다. 당시 많은 응모자가 있었는데도 그는 당당히 당선의 영예를 안았다. 그러나 시상식 때도 그는 모습을 보여주지 않았다. 그는 장애자라서 좀처럼 모습을 드러내지 않고 인터넷으로만 활동해오고 있었던 것이다. 이후 여러 번의 통화와 그의 시를 읽으며 필자는 심철수 시인에 대한 동경이 깊어갔다. 참 마음이 따스한 분이고, 세상을 바라보는 눈이 아름답고 긍휼하여 사물을 그냥 지나치지 않는다는 걸 느꼈기 때문이었다. 등단한지 2년만인 금년 봄에 그가 전화를 걸어왔다. 시집을 내겠다는 말씀이었다. 사실 그간 그의 몇 작품을 읽어보았을 뿐이라 작품성에 대하여 반신반의했다. 그런데 그가 보내온 작품들을 읽는 순간 눈이 번쩍 뜨였다. 한 사람이 평생 일궈온 시세계를 통한 그의 정신세계를 여행해볼 수 있다는 것은 자못 설레는 일이었다. 그리고 필자도 참여했던 2010년 5월호의 스토리문학 신인상 추천심사위원들의 판단은 정확했다는 것에 내심 흥분되었다.

그의 시세계는 이미 어떤 한 수준의 일가를 이룬 상태였다. 좋은 시계를 찼다든지, 멋진 넥타이를 맸다든지, 외제승용차를 타고 나타난 사람이 아니라 말 그대로 아무 장식 없이 목욕탕에서 만나듯 텍스트로 만난 심철수는 우리들의 이웃이며 형님이었고 어버이였기에 그 감동은 더욱 크게 밀려왔다. 시에서 만난 심철수는 시골사람이었다. 그리고 그는 마음이 따스한 사람이었다. 그의 언어들은 아직도 텃밭을 가꾸다가 허리 펴고 하늘을 바라보는 농부였으며 그 속에 깃든 정신은 '어이, 이리와 막걸리 한 잔하고 가소!'라며 이웃을 부르는 목소리였다. 그렇지만 시골사람인 그의 생각은 시골이나 과거에 머물러있지 않았다. 새로움을 발견하고 발전하는 사회에 순응하며, 오히려 현대시단의 앞줄에 서고 싶은 사람이었다. 그럼 이쯤에서 그의 시 몇 편을 들여다보며 그가 생각하는 세상은 무엇이며 그는 얼마나 현대적 감각을 가지고 시를 접하고 있는지에 대하여 살펴보기로 하자.

찬바람 맞으며 테헤란로를 걸어간다
키 큰 꺽다리 아저씨가
점잖 빼며 표정 없이 지나간다
정장 차림의 잘생긴 젊은이가
바람같이 스쳐간다
치마 두른 아주머니가
길을 묻느라 잠간 멈춘다
과거 이웃에 살았던 할머니가

지팡이 손잡고 와서
지난날 이야기 늘어놓으며 잠깐 정거한다
가뭄에 콩 나듯 맞는 완행열차다
말쑥한 고층 빌딩이
말없이 성큼성큼 발걸음을 옮기고
고층 아파트가 연이어 뒤따른다
발에는 쇠고랑 칭칭 매고
머리는 빡빡 민 플라타너스 죄수들이
바람찬 겨울 길 사이에 두고
양옆에서 한 줄 맞춰 지나간다
새마을호나 KTX는
관심 없이 지나가는 역
나는
외로운 도시의 간이역이다

– 「도시의 간이역」 전문

시인은 테헤란로를 지나가고 있다. 그런데 많은 사람들이 그의 옆을 지나간다. "키 큰 꺽다리 아저씨가 / 점잖 빼며 표정 없이 지나간다" 이 구절은 아마도 무얼 해야 할지 고민과 위엄을 새긴 이 시대의 명퇴자일 것 같은 생각이 든다. "정장 차림의 잘생긴 젊은이가 / 바람같이 스쳐간다" 회사 일을 마치고 애인한테 달려가고 있는 모양이다. "치마 두른 아주머니가 / 길을 묻느라 잠간 멈춘다" 딸네 집에 가는 모양이다. 한 번 와보긴 했는데 긴가민가해서 물어물어 찾아가고 있는 중이다. "과거 이웃에 살았던 할머니가 / 지팡이 손잡고 와서 / 지난날 이야기 늘어놓으며 잠깐 정거한다 / 가뭄에 콩 나듯 맞는 완행열차다" 시인의 눈에 오랜

만에 만난 이웃집 할머니는 우리들의 바쁜 가슴을 쉬게 하는 완행열차로 보인다. 닭 두어 마리 보자기에 싸고, 논두렁콩 몇 묶음, 고추장 속에 박아두었던 무장아찌를 꺼내서 5일장으로 달리는 완행열차를 탄 할머니를 만난 듯 정겨운 언어다. "말쑥한 고층 빌딩이 / 말없이 성큼성큼 발걸음을 옮기고 /고층 아파트가 연이어 뒤따른다" 마치 KTX가 휙 하고 지나가는 느낌이다. 시골과 도시의 풍경이 모두 들어있어 산업화되어가는 풍경을 잘 그리고 있다. "발에는 쇠고랑 칭칭 매고 / 머리는 빡빡 민 플라타너스 죄수들이 / 바람찬 겨울 길 사이에 두고 / 양옆에서 한 줄맞춰 지나간다"는 시구를 읽으니 마음이 아프다. 플라타너스의 잎사귀들이 모두 떨어진 겨울인데, 도로 양 옆으로 서있는 모습이 시인의 눈에는 죄수들의 모습처럼 읽힌다. 시의 기능 중 가장 중요하게 생각되는 부분이 이미지의 변환이다. 시각적 이미지를 통해 시인은 도시의 아픔을 노래하고 있다. 그리고 그 자신은 "새마을호나 KTX는 / 관심 없이 지나가는 역 / 나는 / 외로운 도시의 간이역이다"라고 말한다. 끊임없이 사람이 지나가고, 간판들이 달리고 나무들이 휘달린다. 그곳에서 시인은 작은 간이역처럼 오래도록 서서 스스로 풍경이 된다.

> 몇 날을 굶었을까
> 허기진 돼지 한 마리가
> 눈에 노란 열불 켜고
> 무섭게 덤벼든다
> 무서워 한 발 물러섰던 순대속들이
> 고픈 돼지 창자 속으로

빨려 들어간다
배고픈 돼지는 먹성이 좋아
홈에서 기다리던 순대 속들을
순식간에 먹어치운다
고팠던 순대가 차곡차곡 채워지면
돼지는 역마다 들려
소화 안 된 순대 속을 토하고는
주섬주섬 또 먹는다
신림역에서 토해낸 순대속들이
순대타운을 향해 종종걸음을 친다
순대 속들도 비워있는 자기네의 순대를
채워야 살 것 같으니까

– 「허기진 지하철」 전문

시인에게 상상하지 못할 것은 없다. 현대시에서는 상상력의 가치를 높이 산다. 그래서 요즘 신춘문예 당선시의 경향을 보면 많은 시들이 상상력에 의해 쓰여지고 있다. 정호승 시인과 문정희 시인이 신춘문예 심사평에서 "신춘문예는 현대시의 미래이기 때문에 신선해야 한다"고 말한 것을 읽은 적이 있다. 따라서 우리들은 4차원적인 상상을 해야 한다. 1차원은 점 또는 선의 세계다. 어느 한 지점을 가리킨다고 할 수 있다. 2차원은 평면의 세계. 3차원은 지금처럼 입체이고, 4차원은 시간과 공간을 바꿀 수 있는 세계다. 다시 말하면 4차원 세계는 시간과 공간을 넘나드는 상상의 세계다. 심철수 시인의 이 시는 4차원적 상상과 3차원적 현실이 넘나드는 시로써 사람이 나무속으로 들어가고, 나무가 걸어 나와 말을 하고, 새가 그림을 그리고, 뭐 그런 상상이 4차원적인 상상이라 할 수 있는데 지하철을 돼지라 생각하고 써내려가는 상상이 재미있다. 그의 시적 상상력에서 우리 인간들은 순대(지하철)에 채워지는 순대속이다. 플랫폼에서 기다리던 순대 속들이 채곡채곡 채워지고 소화 안 된 순대 속을 토해낸다. 결국 아파트도 순대다. 채곡채곡 채워진 순대타운이다. 순대 속들은 비워진 결국 "비워있는 자기네의 순대를 / 채워야 살 것 같으니까" 채우려고 종종걸음을 치는 것이다. 상상력은 예술가들의 산물이다. 발명가의 상상력은 어떤 물체를 발명하면 그곳에서 끝나지만 예술가들의 상상은 무궁무진하며 더 나아가 우리에게 희망을 준다. 피카소가 코와 입을 교차로 그렸거나, 살바드로 달리가 시계를 나뭇가지에 걸쳐놓은 것, 르네 마그리트가 구름을 컵에 담은 것 등은 우리 시인에게 시사하는 바가 크다. 시인은 지하철을 순대로 상상하면서 한 편의 동화를 구연하고 있다.

쌀 한 톨은 지구만큼 크고 무겁다
쌀가마보다 더 무거운
농부의 땀이 배어 있고
뜨거운 태양이 녹아 있다
소나기로 쏟아진 별들의 눈물이 고여 있고
자연의 성난 마음인 태풍을
한 몸에 싸안고 달랬다
생명의 힘이 응집되어 있고
아버지의 인생이 담겨있어
쌀 한 톨은 크고 무겁다
아버지와 겸상하여 밥 먹던 시절

아버지는 자주 말씀하셨다

밥티 흘리지 말고
흘린 밥티는 주어먹어라

그 크고 무거운 쌀밥티를
왜 어디에다 버리려 하느냐는 말씀이었다
－「쌀 한 톨」 전문

농촌에서 태어나 배고픔을 견뎌본 시인은 쌀 한 톨이 얼마나 귀중한지를 안다. 그래서 시인은 쌀 한 톨의 무게가 ‘지구만큼 무겁고 크다’고 말한다. 어릴 적 할머니께서는 밥풀 한 알이 귀신 열을 당한다고 말씀하셨다. 밥을 든든히 먹으면 허깨비도 귀신도 무섭지 않다는 말씀이다. 요즘 젊은 부인네들은 쌀에 바구미만 나도 자루 째 내다버린다고 아파트 경비를 보시는 가까운 집안 어른께서 걱정하시던 말씀이 생각난다. 쌀밥이 먹고 싶어 품팔이 가신 아버지를 따라가 얻어먹던 생각이 난다. 요즘은 너무나 풍족해서 버려지는 음식물쓰레기가 자본주의의 큰 문제점이 된지 오래다. 시인의 말씀처럼 쌀 한 톨에는 ‘농부의 땀이 배어 있는 것’은 차치하고서라도 ‘뜨거운 태양이 녹아 있다’는 것은 시인이 아니고는 보기 어렵다. ‘소나기로 쏟아진 별들의 눈물이 고여 있’다는 것 또한 보통 관찰력이 아니고서는 상상하기 힘들다. 게다가 ‘태풍은 자연의 성난 마음’인데 그 마음을 쌀 한 톨이 ‘한 몸에 싸안고 달랬다’라고 말한다. 과히 절창이고 무릎을 칠 구절이다. 세상 모든 것은 성난 마음이 있고 순한 마음이 있을 것이다. 성난 바위에는 이끼가 자라지 않고 성난 물에는 사람과 재산이 피해를 당한다는 것을 시인은 은연중에 가르쳐주고 있다. 그러면서 시인은 우리 인류를 이만큼 발전시켜놓은 쌀 한 톨에게 감사하는 마음을 가진다. 젊은 사람들이 본받아야 할 정신이다. 그래서 시인의 눈에 밥티를 흘리는 것은 우리의 전통을 흘리는 일로 보인다.

자전거는 혼자서는
서있지 못한다
넘어지지 않으려고
묵묵히 달릴 뿐이다

서서 쉬려면
목발을 짚어야 한다
그러나 아무도
장애자라고 말하지 않는다

혼자는 서있지도 못하는 주제가
주인을 업고 무거운 짐 지고
제 몸 상하든 말든 개의치 않고
발 부르트도록 달린다

부리는 사람이 고맙게 여기든 말든
전혀 개의치 않는다
주인 향한 충성심은
충직한 진돗개를 능가한다

-「자전거는 목발 짚고 선다」 전문

이 시는 성찰발상법에 의해 쓰여진 시다. 시인은 자전거가 빨리 달릴 수 있지만 홀로 설 수 없음을 발견해낸다. 그러면서 목발을 짚어야만 하는 자전거가 앞으로 빨리 달릴 수 있음에 희망을 건다. 시인의 말처럼 자전거는 혼자서는 서있지 못하고 쉬려면 목발을 짚어야 한다고 말한다. 그러면서 아무도 자전거에게 장애자라 말하지 않는다고 강조한다. 심철수 시인은 장애자다. 장애자인 시인이 사회로부터 얼마나 많은 눈총과 어려움을 겪어왔는지 가늠해볼 수 있는 대목이다. 시는 관찰을 통해 성찰로 가는 길이다. '자전거가 목발을 집고 선다'는 것을 바라본 것은 대단한 혜안이다. 작가의 말처럼 자전거는 장애자다. 그런데도 사람을 업고 무거운 짐을 싣고 달린다. 앞으로 가야만하는 것이 자전거의 숙명이다. 자전거는 사람과 함께 산다. 때론 술에 취해 자전거를 내동댕이치며 넘어질 때가 있다. 자전거는 언제 제 몸이 아팠느냐는 듯 주인을 따라가거나 싣고 간다. 우리는 모두 장애자다. 어느 한 가지 부족하지 않은 사람이 없다. 반면 우리는 모두 온전하다. 목이 부러진 꽃대는 새로운 꽃대를 올려 꽃을 피워낸다. 그러니 절대 미완성도 절대 완성도 없다. '도가도비상도道可道非常道'인 셈이다. 우리는 심철수 시인의 시제 '자전거'로부터 많은 것을 배운다. 어디 사람이 배울 것이 자전거뿐이겠는가? 바위는 말 없이 천년을 기다린다. 나무는 한 자리에서서도 꽃으로 열매로 삶의 즐거움을 노래한다. 다리(교각)는 평생 한 자리에서서 남을 건너주면서 불평하지 않는다. 시는 그런 것이다. 이 작가는 시의 효용을 잘 알고 있다. 시의 효용이란 사물과의 대화에서 비롯된다. 이 작가는 자전거가 왜 목발을 집고 서있는지, 그리고 어떻게 달려가는지를 잘 관찰하여 사람이 자전거만도 못하다는 성찰을 이끌어낸다. 시는 재치, 순발력, 아이러니, 패러독스 등을 동원하는 관찰을 통하여 성찰에 이르게 하고 사람을 성장시킨다. 성찰발상법이란 말 그대로 시에 있어 자신을 되돌아보는 발상법이다. 이 발상법은 정말 많은 시인들이 쓰고 있는 방법이고 현대시의 주류를 이룬다고 할 수 있다. 그런 점에서 심철수 시인은 창작공부를 열심히 한 시인이라 볼 수 있다. 그런데 성찰발상법은 자칫하면 가르치려고 든다는 소리를 들을 수 있다. 은연중에 자신의 생각을 넣어야지 '~해라'나 '~하니라'식으로 종결어미가 끝나면 좋은 시가 될 수 없음을 잊지 말아야 한다. 이 방법은 어떤 현상을 발견하고 그 현상의 내용을 그대로 전개해나가다가 반성이나 성찰을 꾀하는 방법이다. 이때 성찰을 넣기 위해서 억지로 어머니나 아버지 그리고 자신이 반성하는 말을 넣어 쉽게 들키면 독자는 식상해지기 쉽다. 따라서 사물을 통한 자신의 성찰에 주력하는 것이 좋은데 이 시는 그런 점에서 공삼이 가는 시다. 이 시에서처럼 독자에게 성찰을 강요하지 않고 성찰이 없는 듯 보이지만 성찰이 있는 시는 독자에게 신선감을 준다. 말하자면 드러내놓고 성찰하는 것이 아니라 그 시를 읽음으로써 성찰효과를 가져올 수 있으면 더욱 좋은 시라고 할 수 있다. 문학을 하는 궁극적인 목적이 자신을 되돌아보고 자아를 발견하는데 있다고 한다면 이런 시에서 자아가 발견된다고 보면 된다.

지팡이 한 놈이
다리 두 놈을 데리고
오르막 산길을 간다

다리는 두 놈이나 되면서
숨을 헐떡거리며
힘들어 하는 허깨비다
가진 것도 하나 둘씩
버려야할 즈음에
무엇이 아쉬워
짐되는 물건 두서너 개는
보태서 살아가는가
애지중지 품에 안고 간수하던
보청기 울음에 잠깬 귀가 노릇한다
지팡이와 다리는
서로 의지하며 살아가는 형제다
아랫니는 윗 틀니 없으면 도리를 못하므로
윗 틀니를 모시는데 힘을 다한다
돋보기 없이는 눈이, 눈이 아니므로
돋보기는 가슴 가까운 곳에 모신다
짐은 짐이로되
짊어져야 생이 가벼우므로
버릴 수 없어 짊어지고 산다
삶은 짐을 지고 걷는 등짐의 길이다

–「버릴 수 없는 짐」

앞서 말한 바와 같이 심철수 시인은 장애자 시인이다. 그가 지팡이를 짚고 산을 오르고 있다. 지팡이는 다리 둘을 데리고 가도 힘들다 말하지 않는데, 두 다리는 숨을 헐떡거린다. 요즘 무소유라는 말이 유행하는 것처럼 시인도 지금 스스로의 나이를 "가진 것도 하나 둘씩 / 버려야할 즈음"이라 판단한다. 그럼에도 그의 애장품들은 늘어만 간다. 내 몸을 지탱해주는 지팡이, 말소리를 듣게 해주는 보청기, 책을 대신 읽어주는 돋보기안경, 맛있는 음식을 먹게 해주는 틀니가 그것이다. 가만히 보면 모두 사람들을 대신해주는 것들이다. 그들은 짐이라기보다 몸의 일부라 해도 좋을 것 같다. 그런 물건들에게 시중을 들게 한다고 해서 자신을 비관할 필요는 없다고 생각한다. 가만히 생각해보면 의자나 자동차 같은 것들은 사람들의 필요에 의해 만들어졌고 평생 사람들에게 시중을 들다가 죽어가는 것들이다. 그런데 젊은 사람이 쓰면 좋은 물건이고 나이 든 사람이 쓰면 애물단지가 된다는 생각은 틀린 생각이라 말씀드리고 싶다. 사람이 동물과 다른 점은 도구를 사용했다는 것이다. 동물들은 직접 입을 대고 먹지만 사람은 젓가락이나 포크, 스픈 등을 사용해서 식사를 한다. 그러니 몸이 아파서 지팡이를 싫는 것이 아니라 지팡이를 짚고 더 넓고 환한 세상으로 나가기 위함이라 보셨으면 좋겠다. 못 들어 보청기를 끼는 것이 아니라 새로운 소리를 듣기 위해 고성능 음향장치를 특별히 장만했다고 생각하시면 좋을 것 같다. 돋보기안경을 쓰는 것은 더 이상 흉이 아니다. 돋보기안경을 통하여 공자와 소크라테스도 만날 수 있고 작은 지도의 한 지점을 찾아갈 수도 있으니 안경은 지식으로 달리는 특급열차요 커피숍인 셈이다. 틀니 또한 그렇다. 세상 모든 것은 에너지를 충전해야만 힘을 발휘할 수 있다. 나무는 땅으로부터 뿌리를 내리고 언제든지 에너지를 충전한다. 그런데 사람은 스스로 충전해야만 하는 불편함이 있다. 사람이 에너지를 충전하기 위해 믹서와 프라이팬, 냄비, 솥 등이 등

장했다. 틀니도 그것처럼 이해하면 된다. 믹서와 프라이팬은 공동으로 사용하는 틀니이며, 틀니는 혼자 사용하는 믹서 같은 것이다. 짐을 버리려 생각하지 말고 도구를 통해 더욱 새로운 것을 생산해내고 미래로 나아갈 수 있다면 그 도구는 도구로써의 가치를 넘어 미래를 이어주는 통로가 될 것을 의심치 않는다.

키 크고 속없는 놈이라고 남들은 말하지만
봉준장군 앞에 서서
탐관오리 응징했고
지체 높은 선비가슴팍에 안기어
사랑받는 죽부인이었습니다

무말랭이 하얀 속살 보듬고
따스한 볕살 아래서
맑디맑은 무향 마시며
낮잠 즐기는 소쿠리였습니다.

매끄럽지 않은 생애 마디마디 묶어두고
속창아리 꺼내어
크고 작은 세상사에 다 바쳤습니다

소나무 30년 클 키를 한나절에 컸으니
속 없는 놈이 맞습니다마는
하나 남은 올곧은 푸른 절개
하늘을 찌릅니다

– 「속 없는 놈」 전문

가끔 제 실속을 못 차리고 봉사만 하는 사람에게 사람들은 '속 없는 놈'이라 부른다. 또 남에게 자주 웃음을 선사하면서 실속을 차리지 못하는 사람들에게 '싱거운 놈'이라 부른다. 이제 그런 사람에게 '대나무 같은 사람'이라 불렀으면 좋겠다. 사실 대나무처럼 실속있는 나무도 없을 것 같다. 속 없는 놈이라지만 녹두 장군 전봉준 앞에 서서 탐관오리를 응징했다고 하니 결코 속 없는 놈이 아닐 듯싶다. 별이 쏟아져 내리는 여름밤이면 대나무 돗자리를 내다 펴고 모깃불 앞에 밤새 이야기하던 생각은 누구나의 추억일 것 같다. 그 위에 벌겋게 익은 물고추를 말리고, 무말랭이며 토란잎, 도토리를 따다 말리는 풍경이 눈에 선하다. 거센 바람이 불 때마다 그 시련을 제 몸에 마디로 새기며 자라는 대나무다. 속이 썩어 문드러지는 한이 있더라도 자식을 길러냈던 된장항아리 같은 어버이가 있다면, 대나무는 제 '속창아리(내장기관)'을 모두 꺼내주며 울타리가 되어주고 푸른 꿈을 꾸라고 부추겨주는 어버이 같은 존재로 보인다. 그래서 시인은 "매끄럽지 않은 생애 마디마디 묶어두고 / 속창아리 꺼내어 / 크고 작은 세상사에 다 바쳤습니다"라고 노래하는 것이다.

길쭉한 작대기에 목매단 은빛괭이가
흙내음 흠뻑 머금고
아버지 어글어글 갈퀴손에 이끌려
목숨보다 더긴 밭이랑 더듬더듬
한평생 길을 따라왔습니다

연실보다 더 멀고 긴 세월동안

좁아진 아버지 이마에
깊은 이랑 파고 묻던 괭이는
오늘은 흙살내음 그리며
헛간 바람벽에 기대어 서있습니다

아버지 넋이
은빛 하늘이마를 인 채
붉은 쇠꽃으로 피어나고 있습니다.

– 「아버지 꽃」 전문

헛간 바람벽에 괭이 하나 기대어 서있다. 아버지는 돌아가셨지만 아버지가 평생 밭을 일구고 집안을 일구고 당신의 이마에 밭고랑을 내고, 결국 당신이 들어갈 자리까지 파낸 괭이가 매달려 있다. 아버지가 일을 하실 땐 은빛으로 빛나던 괭이였다. 그러나 아버지가 먼 길을 떠나신지 오래인 지금, 괭이는 빨갛게 녹이 슬어 있다. 쇠꽃이 핀 것이다. 연실보다 더 멀고 긴 세월을 살아오시던 동안 좁아지고 늙어진 아버지 이마에 깊은 이랑을 파고 자식들의 사랑을 묻던 괭이가 떠나간 주인을 그리워하며 헛간 바람벽에 기대어 서있는 것이다. 시인은 사물과 대화하는 사람이다. 사물과의 대화에서 시가 시작된다고 해도 과언이 아니다. 시골집 바람벽에 덩그마니 기대서있는 괭이를 보고 시인은 외로움을 느낀다. 아버지의 체취를 기다리는 괭이에게 더 없이 짠한 연민을 느낀다. 그리고 그 괭이 위에 벌겋게 녹이 슨 것을 보고 '쇠꽃'이 피었다고 하고, 그것을 '아버지 꽃'이라 명명한다. 아버지가 아버지의 감정을 이해하고 아버지의 감정을 아들에게 느낄 수 있도록 대물림하는 것을 우리는 가풍이라 말한다. 아버지는 먼 길을 떠나시고 안 계시지만 괭이나 지게, 작두 등의 아버지 흔적에서 아버지의 마음을 읽고, 그 마음을 시로 써서 자식에게 전달하려는 마음이 시집을 내는 중요한 이유다. 책이란 개인이 쓴 정신세계이기도 하지만 부모로부터 배워온 습관과 언어들을 기록한 가문의 역사책이기도 한 것이다.

시인은 언어를 아름답게 가꾸는 언어의 연금술사다. 때문에 시인은 우리말을 아름답게 가꾸고 보전하며 새로운 말을 만들어서 보급해야 하는 소명이 있다. 그런데 심철수 시인의 시에는 우리말을 아름답게 만들어 쓰고 보전하려는 노력이 곳곳에 드러나 있다. 그냥 흙내음이라 해도 무난하련만 '흙살내음'이라 한 까닭이 거기에 있다. 그냥 '하늘'이라 해도 좋으련만 "아버지 넋이 / '은빛 하늘이마'를 인 채 / 붉은 쇠꽃으로 피어나고 있습니다"고 말하는 것이다. 그 흔적을 보면 다음과 같다.

"콩죽 쑤이주던 / 매시러운 솜씨"「한여름 어머니」중에서, "가쁜 숨 몰아 쉴 때 / 입가에 이는 거품이 모지랍다"「진주조개」중에서, "-멸따구 잠 안 살라요 / 데망 머리칼 문드러지고"「울 어무니 울 아부지」중에서, "다소곳이 내민 손등 백옥살결이 / 수지운 표정 짓는다"「한복의 노래」중에서, "내일이면 저 뽀하얀 볼에 입 맞추려 했는데"「땅에 뒹구는 하얀 향」중에서, "매끄럽지 않은 생애 마디마디 묶어두고 / 속창아리 꺼내어"「속없는 놈」중에서, "청보리 나풀나풀 목암지를 끄덕이는데"「봄이 창유리를 연다」중에서, "꽁꽁 언 땅이 발을 묶어 / 오무락 들썩도 못하고 서서"「겨울나무」중에서, "밥티 흘리지 말고 / 흘린 밥티는 주어먹어라"「쌀 한 톨」중에서, "절집 집시랑에서 / 극락길 같이 갈사람 기다리는 / 풍경 물고기"「하늘바다 물고기」중에서. "매시러운, 모지랍다, 멸따구, 수지운, 뽀하얀, 속창아리, 목암지, 오무락 들썩, 밥티, 집시랑" 등이 그것이다. 전문적으로 시를 배운 바 없는 연만하신 시인의 첫 시집에 우리말을 아름답게 가꾸고 보전해야 한다는 심오한 뜻을 드리우고 실천하였다는 것은 국립국어원에서도 상 줄 일이다.

이상에서처럼 심철수 시인의 시 몇 편을 들여다보며 그의 영적세계를 여행해보았다. 그의 영적세계는 우주처럼 광활하여 우리들을 끊임없는 상상의 세계로 안내해주었다. 때론 우물보다 비좁아서 우리의 마음을 향수로 가두기도 했다. 그러나 그의 우물에서는 끊임없이 사랑의 용천수가 치솟고 있었다. 특히 그는 선대로부터 배운 토속어들을 아끼고 숭배하여 '가화만사성'이나 '입춘대길' 같은 구호보다 귀하게 여겨 그의 마음에 대문처럼 내걸고 있었다. 「여름 저녁밥」, 「비빔밥 속 나물」, 「하늘바다 물고기」 등을 읽으며 그의 언어를 따라 거슬러 오르다보면 신선들이 장기를 둔다는 복숭아밭이 나오기도 했고, 「리어카와 할머니」, 「도시의 간이역」 등을 읽을 때는 건물이 모두 무너져 황폐해진 지진지역을 지나는 듯한 아픔이 밀려오기도 했다. 문단의 시류에 맞춰 현대감각의 시를 골라 평을 하느라 향토시들을 들여다보지 못한 것이 아쉽다. 한 편 한 편 모두 들여다보며 풍성하고도 걸죽한 그의 시세계를 음미하고 싶다. 그 부분은 독자의 몫으로 넘긴다. 그의 시집을 읽으니 처갓집에 다녀온 느낌이다. 무나물, 토란대나물, 고구마줄거리나물, 금방 뽑아다 무친 배추겉절

이와 오이지, 게다가 굴비 한 마리 올라온 장모님의 밥상을 받은 느낌이다. 그의 시는 토속어잔치였다. "매시러운, 모지랍다, 멸따구, 수지운, 뽀하얀, 속창아리, 목암지, 오무락 들썩, 밥티, 집시랑" 등을 한 젓가락씩 집어넣고 얼큰한 조선고추장 한 술 떠 넣어 쓱쓱 비벼먹은 기분이다. 입술이 얼얼해서 오이지국물을 몇 번이고 들이켜 본다. 그 토속어를 통해 읽은 그의 마음은 잔치집의 혼주였다. 이제 수십 년 가슴으로 금지옥엽 길러온 과년한 딸을 시집보낸다. 그와 함께 청사초롱 내걸고 설장고 장단에 '얼쑤!' 어깨춤이라도 추고 싶다.

심철수 시집

도시의 간이역

초판인쇄일 2012년 8월 14일
초판발행일 2012년 8월 20일

지은이 : 심철수
펴낸이 : 김순진
주 간 : 지성찬
편집장 : 전명숙
디자인 : 김초롱
펴낸곳 : 문학공원
등 록 : 2004년 3월 9일 제6-706호
주 소 : (우편번호 130-814) 서울 동대문구 난계로 26길 17호
(신설동 114-89) 삼우빌딩 C동 302호 스토리문학사
전 화 : 02-2234-1666
팩 스 : 02-2236-1666
홈페이지 : http://cafedaumnet/yob51
이메일 : 4615562@hanmailnet

* 책값은 뒤표지에 있습니다
* 저자와의 협의에 의해 인지는 생략합니다

ISBN : 978-89-6577-049-7 03810